j'ai saigné aux étoiles

© 2025 Oriane Colombier
Publish: BoD · Books on Demand, 31 avenue Saint-Rémy, 57600 Forbach, bod@bod.fr
Print: Libri Plureos GmbH, Friedensallee 273, 22763 Hamburg (Allemagne)
ISBN: 978-2-3225-7470-4
Legal deposit: Mai 2025

Oriane Colombier

j'ai

saigné

aux

étoiles

Recueil de poèmes illustrés

"Presque tout ce que j'écris, [...] je l'écris d'abord pour moi: alléger la peine; peindre; guérir; gérer la colère; ricaner; penser plus clairement; me convaincre moi même de sentiments dont je n'étais pas vraiment sûre; m'amuser; jouer avec le langage; imaginer des réalités alternatives; me vautrer; m'interroger; reconsidérer; me souvenir; donner quelque forme à ce qui me submerge."

Hollie McNish,

Je souhaite seulement que tu fasses quelque chose de toi.

Merci d'avoir ouvert ce livre,
je te souhaite un bon voyage
à la découverte
de mes pensées illustrées.

Liste des chansons qui m'ont accompagnée, parfois inspirée pour écrire et dessiner.

1. (No One Knows Me) Like the Piano- Sampha
2. Next Year, Next Time- The Staves
3. hope is a dangerous thing for a woman like me to have- Lana Del Rey
4. Old Friend- Zaho de Sagazan, Tom Odell
5. Loud Places- Jamie xx, Romy
6. Camden- Gracie Abrams
7. Nulle- Yoa
8. Ô travers- Zaho de Sagazan
9. I Hate It Here- Taylor Swift
10. Free Now- Gracie Abrams
11. Lifeline- Sedona
12. Tristesse- Zaho de Sagazan
13. The Prophecy- Taylor Swift
14. Come Down Soon- Lizzy McAlpine
15. Mon corps- Zaho de Sagazan
16. À corps perdu- Grégory Lemarchal
17. Le blues du businessman- Starmania
18. Vortex- Lizzy McAlpine
19. Rockland- Gracie Abrams
20. vivre sobrement- Terrenoire
21. 21- Gracie Abrams
22. où on va- Coline Blf

j'ai saigné aux étoiles

Tu peux les écouter en lisant ou
simplement pour le plaisir de découverte :)

es mots

　　　　　　me consolent

　　　qu'ils

　　　　　　　　ne m'isolent.

j'ai saigné aux étoiles

Nos corps
ne sont pas
des œuvres d'art
à sculpter

Nos corps
sont
Nos moyens d'exister.

j'écris
pour me souvenir
qu'à l'instant de ces mots
je trouve mon corps magnifique.

j'écris chaque journée
entre ces murs,
ça me rassure

au
cas
où,

je veux que ma dernière journée soit écrite,
que vous puissiez la lire à l'infini

et continuer à la suite d'écrire vos vies

qui je suis en 2024 ?

-en 2024 je suis la oriane qui a de l'energie, qui rigole, qui a envie de vivre, qui vis des expériences nouvelles, qui a moins peur, qui découvre des lieux, qui ose montrer son art, qui ose parler, qui prend soin de sa santé physique et mentale, qui se cultive en lisant, en allant au théâtre/concert, à la médiathèque, au cinéma, je fais du vélo souvent puis parfois je vais à la piscine, je suis motivée à vivre, à réussir les projets, aller vers le non, oser affronter le non, accepter les choses telles qu'elles sont, je suis une oriane apaisée, calme, j'aime ce que je fais même si ça peut s'avérer compliqué, tout est expérience même faire un devoir, chaque journée est une expérience.

en 2024 oriane vit.

extrait de mon journal intime
31 décembre 2023

j'ai saigné aux étoiles

qui je suis en 202   ?

-en 202   je suis

en 202   vit

extrait de mon journal intime
  / /202

un peu de tous les jours
pour se souvenir de nos amours
flottant dans mes pensées
bercée par la voix du ruisseau
tout coule et s'en va
plus bas
absorbé par la terre
jusqu'au jour où
plus rien ne coule
et brille ma plus belle larme
pour que tout soit calme

j'ai saigné aux étoiles

pour eux
j'étais la plante verte
ma présence était remplie de silence
j'étais là, inerte
inquiète que l'on me regarde
je gardais mes pensées pour mes carnets
je m'en voulais
de ne pas réussir à m'ouvrir
mais ce que je ne savais pas
c'est que je suis une plante qui fleurit
au milieu des prairies acceptant toutes les fleurs
avec eux je ne pouvais pas éclore
sans lumière ni repère
leur terre n'étant pas la mienne
impossible que je m'y promène

j'ai saigné aux étoiles

Me rendre compte
À la fin de la journée
Que je n'ai pas tremblé,
je n'ai pas eu les larmes aux yeux
mais
j'ai réussi à parler
face à face
sans l'espace
que je créée habituellement

parfois

je peux arrêter d'être une caméra
et vivre dans le film.

Et ce soir-là j'ai dit,
"C'est tellement mieux
de voir le coucher de soleil d'ici
plutôt que de mon canapé."

la rage du futur
me fait croire
que
nous serions toujours durs

ne se liera pas à nous
la tendresse
nouée autour de nous
comme une tresse

j'ai saigné aux étoiles

Je rêve de ne plus avoir peur
mais
sans peur

Comment serais-je fière de moi ?

"C'est en connaissant nos travers
que vient la métamorphose."

Chanson Ô travers, Zaho de Sagazan.

parfois

un câlin

avec les couleurs

suffit

j'ai saigné aux étoiles

Oriane Colombier

je ne suis pas fière de moi
mais ça ne sert à rien
de me détester pour ça plus d'une soirée,
ce soir je peux me détester
mais je vais m'endormir en me pardonnant.

extrait de mon journal intime
29 juillet 2024

j'arrive
de plus en plus
à être douce
envers moi

nvoûtée,

je regarde ton corps,
je commence à me faire tout un programme
pour être comme toi
puis je réalise
que je suis comme toi là
mais je ne le vois pas

j'ai saigné aux étoiles

Oriane Colombier

Vivre le présent

AU PASSÉ FUTUR

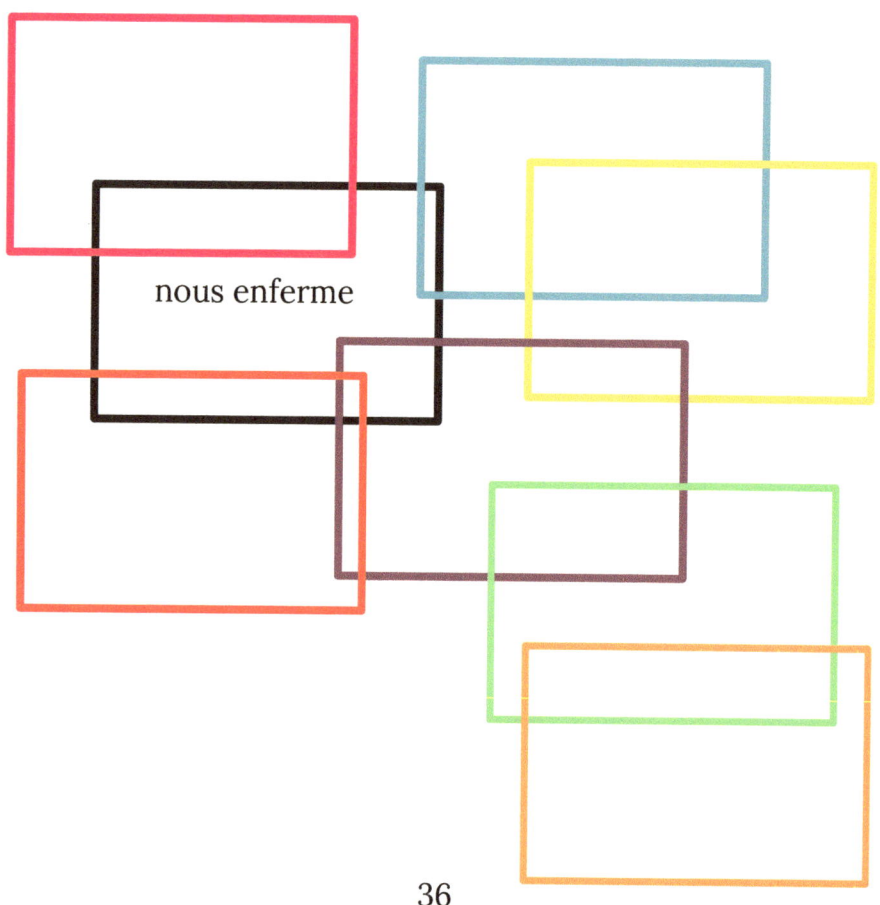

nous enferme

pour pouvoir aller de l'avant.

SENTIMENTS   TES

DE

AU RYTHME

Alors vis ton présent

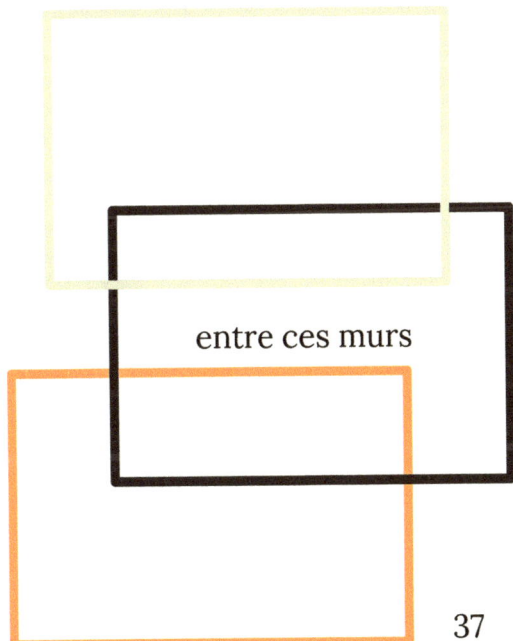

entre ces murs

Je me réjouis tant
du privilège

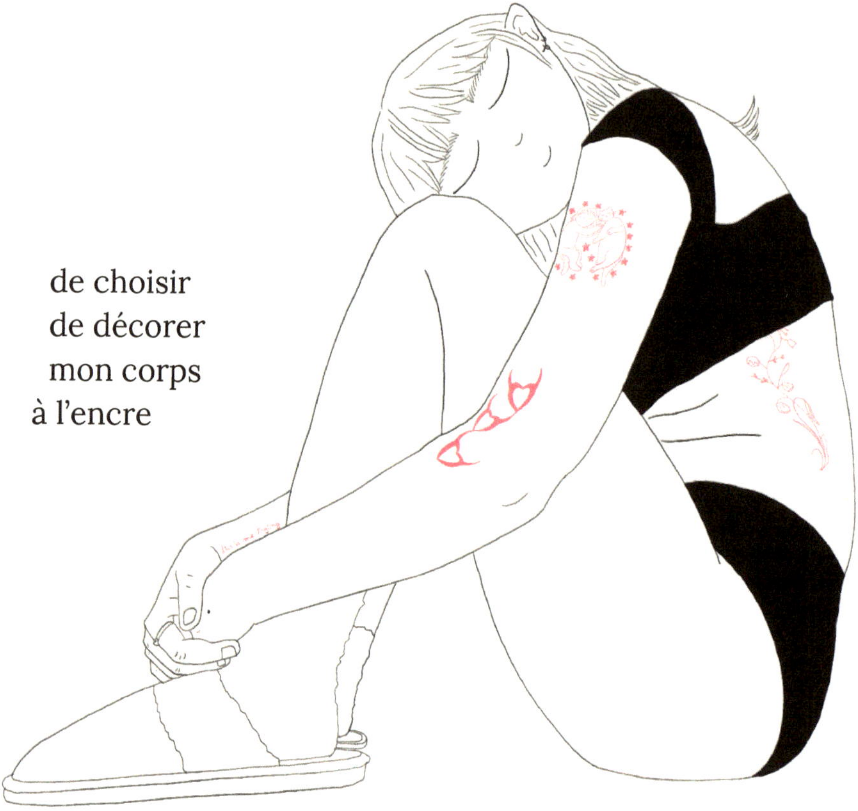

de choisir
de décorer
mon corps
à l'encre

comme

une mémoire figée
de ce que j'ai aimé

j'ai saigné aux étoiles

un peu
comme
un

réconfort

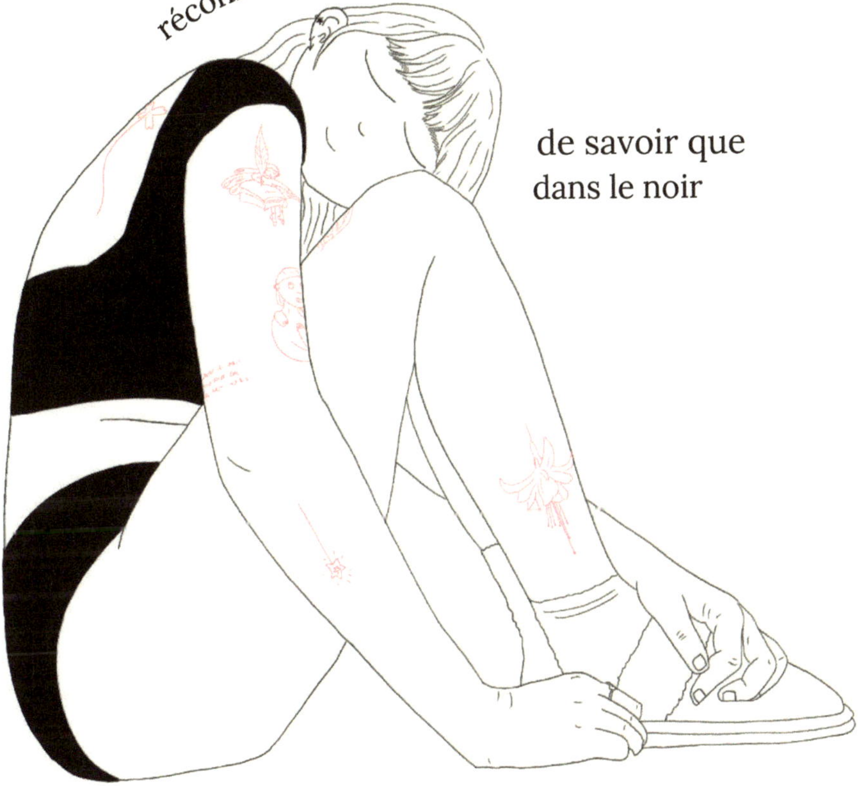

de savoir que
dans le noir

ces dessins,
ces mots

me tiendront chaud

préparer 2025

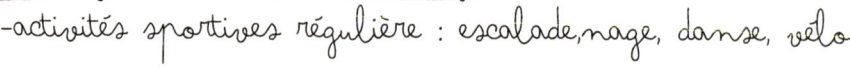

ce que je veux commencer à faire

- activités sportives régulière : escalade, nage, danse, vélo
- faire les choses qui me stressent
- redessiner, cuisiner

ce que je veux arrêter de faire

- être bloquée par mes peurs
- culpabiliser de dépenser mon argent
- avoir honte de ma situation

ce que je veux continuer à faire

- écrire lire
- voir souvent mes proches
- être douce avec moi-même
- éteindre mon tel pendant quelques jours
- assister à des concerts

préparer 202

ce que je veux commencer à faire
-
-
-

ce que je veux arrêter de faire
-
-
-

ce que je veux continuer à faire
-
-
-
-

elle se promène là-haut
et elle voit tout ce qu'il reste

elle ferme les yeux
elle pense aux quelques instants d'éclairage
et elle dit pour plus tard
il y en a trop,
pas maintenant
avec tout ce vent,
ça finira par tomber
sans y toucher

le vent, même furieux
ne l'a pas débarrassée
ne serait-ce qu'un peu

ce qu'elle ne sait pas encore
c'est que si tu en laisses
d'autres se créent

j'irais avec elle là-haut
avec des échelles s'il le faut
faire tomber ce qui pèse sur son dos
elle croit qu'il est son abri
seulement parce qu'elle n'y met jamais les pieds
sinon, elle saurait
qu'il faut tout couper dans son nid
rempli de cris

j'ai saigné aux étoiles

RENDEZ-MOI MON TEMPS

à 8 ans j'étais pressée d'avoir 14 ans
à 14 ans pressée d'avoir 18 ans
à 18 ans pleuré d'avoir 18 ans

j'ai voulu grandir trop vite
à cause des histoires que je voyais,
elles ne me sont même pas arrivées,
aucune

plus je grandis,
plus je me sens éloignée de la petite moi,

j'ai de moins en moins de souvenirs
alors je garde précieusement
mon âme d'enfant
pour me rapprocher d'elle un peu plus
je fais toujours des caprices d'enfant de 8 ans
parce que je veux avoir 8 ans
rendez-moi mon temps

j'ai saigné aux étoiles

les mois suivants mon anniversaire
une grande tristesse s'est posée sur moi,
j'ai déjà 21 ans ?
Vraiment ?

Je vais bientôt
mourirdéjàÇapassetropvitej'airienvécujeveuxpasmourirpitié
ramènemoilorsquej'avais6ansouzmême1anjeveuxrecommenc
ermaviejemesensvieillej'ail'impressionqu'àtoutmomentjevais
mourirj'aipeurjeveux

revenir
au moment où
je pensais qu'on mourrait toutes et tous à 90 ans
pas avant.

les
bougies
sur le gâteau

me font l'écho

qu'il ne restera rien
sur mon dos

quand j'aurai à mon tour fondu

peur

    de

    car

peur

    de

M

       O

           U

              R

                 I

"On ne peut pas
passer sa vie à craindre
quelque chose qui ne s'arrête jamais."

Roman Les dragons, Jérôme colin.

je suis convaincue
que tout est perdu
alors
laissez-moi
briser les chaînes
et partir
me protéger
aux pieds des arbres,
je fermerai mes yeux et mes oreilles
sur ce que les plus faibles d'esprit
nous imposent du haut de leur ciel gris.
Je vous laisse
pour ne vivre que dans la délicatesse
qui émane des fuchsias et des hortensias
bercer par l'eau qui coule
pendant que tout s'écroule,
éloignée de vous
vous ne pourrez rien m'enlever du tout
d'ici les étoiles ne s'effaceront pas
elles brilleront plus fort

j'ai saigné aux étoiles

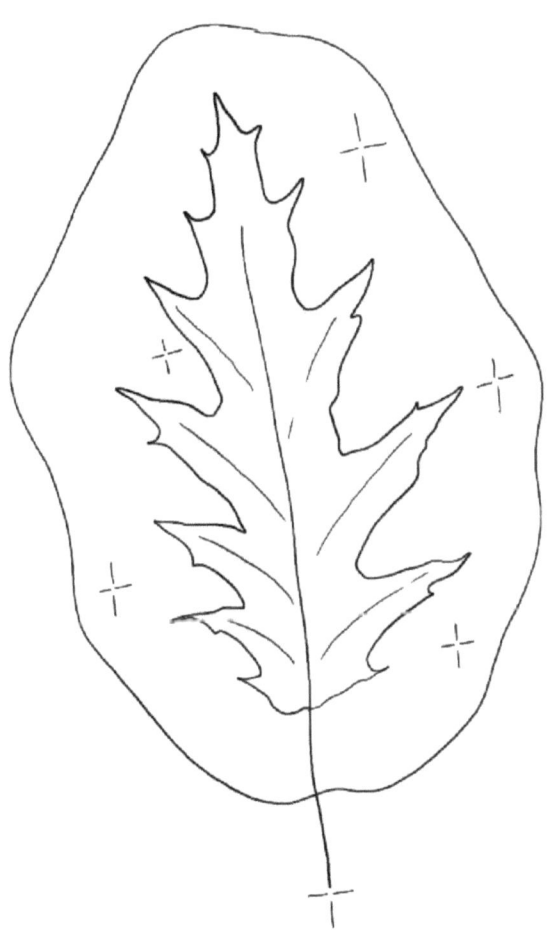

des fleurs
partout
sur mon corps
dans ma peau,
elles ont réussi à boire l'eau
pour monter jusqu'en haut,
des fleurs
partout
dans ma tête.

j'ai trouvé
comment mettre mon cerveau sur pause
autrement que par le sommeil :

-nager

-faire du vélo

-danser

-chanter

-écouter de la musique

-faire de l'escalade

-dessiner

le jour où tout s'est fermé
tout s'est ouvert en moi
lorsque j'ai vu tout se taire
je n'ai pas eu peur de mes pensées
réduite dans mes mouvements
j'observais mes sentiments

personne ne pouvait sortir non plus
j'étais tout le contraire de perdue
je m'étais connue et reconnue
le monde était sur pause
et moi, j'ai enfin appuyé sur Play
dans mon jardin
je ne me plaignais de rien

le soleil brûlant contre ma peau
pas seulement 2 jours sur 7
ne pas rester assise
8 heures par jour
sans amour
ne pas être autorisée à regarder les nuages
pour y accrocher mes idées
voir la vie autrement
que par une fenêtre carrée
que l'on ne pouvait même pas regarder
c'est parce qu'elle a enfin respiré
que j'ai senti tout cet air
si seulement ils pensaient à autre chose
que s'enrichir
cela n'aurait pas été éphémère
on ne serait pas obligé de partir

la nature me tend ses bras
et je pense qu'elle comprendra
que je m'assoie près d'elle
sa force me soutiendra
peu importe la couleur de mes pleurs
elle pourra sentir
que la tendresse l'a caressée
au lieu d'être dégradée
à longueur de journée
par ces mains qui ne savent que te détruire
nous n'avons pas besoin de leurs bras
mais où on va nous
sans les tiens ?

j'ai saigné aux étoiles

"L'avenir grandiose auquel tu penses
ne sera peut-être pas au rendez-vous.
Ce qui compte,
c'est la douceur du présent
et le rêve de cette nuit."

Roman Le grand magasin des rêves, Miye Lee.

dès que je vois une fleur
je la prends en photo
pour qu'elle puisse apaiser mon cœur
même après quelques heures

dans ma pellicule, ça fait de jolies couleurs
qui m'envahissent de douceur

je sais qu'elles contribuent à mon bonheur

avec
vos regards
je pense

    c'est trop tard.

vivre
 dans ma bulle
où
je ne me sens pas nulle

    combler le vide
    où
    tout est fluide
    pourtant
    rien ne reste
      pourtant
    tout   je déteste

    dans l'espoir
    de trouver
    une

                        échappatoire

une réponse
qui ferait
 s'abîmer les ronces

je glisse
mes doigts
sans penser
que je m'y noie

MAIS je suis où moi

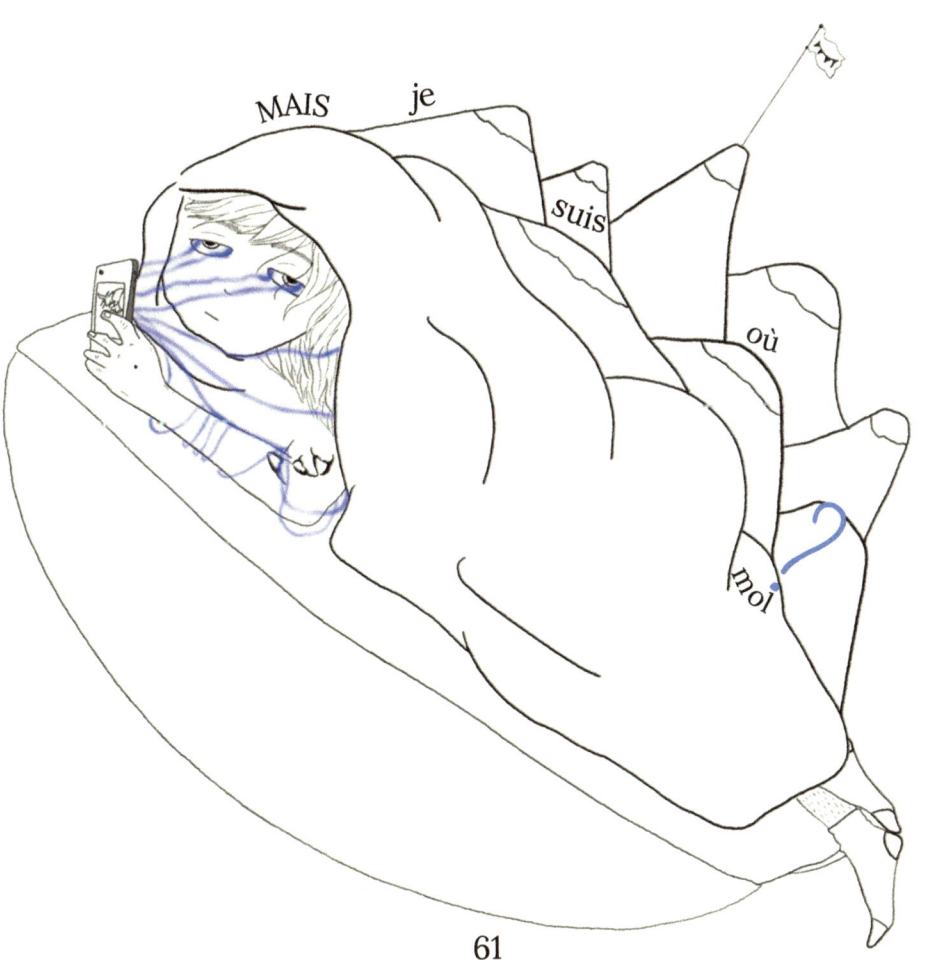

Oriane Colombier

<u>choses qui m'empêchent de vivre comme j'aimerais :</u>

- impatience, colère, changement d'humeur rapide
- aimer un truc, et le lendemain, plus l'aimer
- trembler, quand je me retrouve avec beaucoup de monde et devoir parler surtout pour des jeux
- manque d'énergie forte,
- confiance physique/personnalité faible,
- pas réussir à parler quand je connais pas les gens
- avoir peur de paraître être gênée, idiote
- flemme de faire à manger
- je veux faire de la danse, mais je le fais pas parce que j'ai l'angoisse d'être la meuf qui sait pas danser et que ce soit flagrant
- peur de mourir, me trouve inintéressante, aime pas parler longtemps= une minute si les personnes à qui je parle se trouvent en face de moi
- me trouver jolie quand je me trouve fine :quand on voit mes clavicules, être méchante envers moi
- être happé par tiktok, insta

extrait de mon journal intime
31 août 2024

plutôt choses à comprendre, à régler
pour vivre comme j'aimerais :

ou plutôt choses passagères dans ma tête :

tu es venue
jusqu'à moi
plusieurs fois
lorsque j'ai voyagé entre ces lignes,

nous devrions nous écrire plus souvent
à l'encre de nos sentiments
pour savoir qu'on s'est aimé longtemps.

Mouriès. Hiver 2025. Après-midi
Une fille à sa mamounette.

j'ai saigné aux étoiles

LA

FLORAISON

DE

L'AMOUR

ET DE

L'AMITIÉ PURS,

QUE

LES

SAISONS

RÉSISTENT

Mots de Pomme.

Oriane Colombier

J'ai voulu
 qu'en criant
  la planète explose
 et qu'elle brûle

j'ai saigné aux étoiles

j'ai voulu
qu'en chantant

la planète fleurisse
et qu'elle vive.

les périodes comme ça où on n'est pas bien
elles sont jamais fixes
comme celles où on est bien
toute façon c'est toujours comme ça la vie
et en vrai, on peut se dire que c'est bien
d'avoir des moments où on n'est pas bien
où on est perdu, où on est mal
parce que ça permet de te remettre en question
et de te demander
ce que tu veux,
où est-ce que tu veux être ?
si on était toujours heureux.se dans un même endroit
on ne penserait pas à aller ailleurs
on ne rencontrerait pas d'autres personnes
d'autres paysages
d'autres activités
d'autres vies,

parce que dans une vie,
il y en a plusieurs

j'ai saigné aux étoiles

j'ai écrit une lettre
et je l'ai jetée dans les flammes
j'ai cru que brûler mes maux les détruirait
du fond de ma pensée
mais ce n'est pas le feu qui les a détruits
ni essayer de les jeter au fond du puits
mais la prophétie
qui murmurait à chaque minuit
que j'allais bientôt guérir

j'ai les mêmes yeux
mais plus le même regard pour toi
les couleurs du reflet
que tu projettes dans mes pensées
ont changé
il y a eu du vert, du rose, du rouge, du gris
et maintenant un arc-en-ciel de tout ça

j'ai compris,
je t'ai changé d'endroit
pour te mettre dans un endroit plus adapté
je pense bien que c'est ça ta place
et maintenant, ce n'est plus grave
je ne t'en veux plus du tout

sans m'en rendre compte
tu as déménagé de mes pensées
pour aller ailleurs
et parfois j'oublie même ce qu'on a été là-haut
j'ai voulu te donner mes fleurs
mais tout ce que j'ai réussi à te donner sont mes aiguilles

je ne me déteste plus
et c'est comme ça
que j'ai réussi
à ne plus détester tout autour de moi

en observant un enfant dans une poussette je dis à ma
mère "ça doit être tellement bien d'être un enfant, t'es
juste là, tu observes, tu ne penses pas"

silence
silence

en le disant à ma mère
je me rends compte de ce que je viens de dire
alors que seule dans ma tête
je n'ai pas ce miroir qui me répond
en le disant à ma mère
même avant sa réponse
j'ai eu un rire nerveux
j'ai mis ma main droite sur ma bouche
comme pour effacer mes mots
et en rigolant
j'ai dit mais c'est horrible ce que je viens de dire

j'ai saigné aux étoiles

DIALOGUE

ÉCOUTE

HUMOUR

Mots de Noémie Merlant.

raisons de pourquoi je n'arrive pas à voir des gens qui sont pas mes proches proches:

1 ça fait longtemps, on s'est pas vu, et j'ai pas envie de parler de mes études

2 je me trouve inintéressante, j'attends d'avoir une situation de vie "stable"

3 j'ai honte, je me sens comme une ratée de pas avoir fait le master

4 cas où les gens habitent loin:
- je ne veux pas dormir avec la personne
- je ne veux pas me réveiller à côté de la personne
- j'ai peur de me sentir mal et d'être coincée,
- je galère à faire caca chez les gens

5 je ne veux pas payer un billet de train

extrait de mon journal intime
6 octobre 2024

Rappelle-toi
qu'il sera plus agréable
de repenser aux moments partagés
qu'à ton canapé.

je ne sais pas où tu es en ce moment
Que fais-tu ?
moi, je suis assise
la cloche sonne
la fontaine résonne
et mes mots volent jusqu'à toi.

Montpellier. Automne 2024. Après-midi.
Oriane à sa cousine.

j'ai saigné aux étoiles

en grandissant
les enfants deviennent moins bruyants
tous les jours
assieds-toi
écoute-moi
regarde-moi
ne parle pas sauf si je te l'autorise
ou si c'est en rapport avec ce que je dis
ne rigole pas
et c'est comme ça
que l'éclat de l'enfance
se détruit
pour revenir
quand on n'aura plus à se retenir
devant vous
qui nous rendez mou

"Qu'il suffit d'oser,
puisque tout le monde s'ennuie tellement,
puisque tout le monde attend tellement
qu'il se passe quelque chose."

Roman Love me tender, Constance Debré.

Je ne me vois tellement pas d'avenir
que je suis effrayée
à l'idée d'avoir un travail maintenant
qui m'empêcherait
d'assister à des concerts
de voyager,
de voir mes proches
alors je me laisse vivre au présent
tant que la jeunesse est là
tant que tout le monde est là

j'ai saigné aux étoiles

Je ne suis pas perdue

J'ai juste peur d'oser.

Le jour où
j'ai remarqué que ça avait pris de la place
est le jour où mon linge s'est accumulé
Et je repousse,
je repousse
la sortie à la laverie
Pourtant,
j'y serai probablement seule

Mais l'imagination invente

 Etsiilyaquelqu'unEtqu'ilvoitquejesuispauméeIl semoquerademoiEtsiunhommeestlàIlm'embêterac'estcertainEtsijemetrompedeboutonEtsije saispaspayerJeferaispitiéChutTagueule

Et si j'y allais et que je revenais fière de moi?

"Mais tout le temps
que tu passes
à penser à ce que tu ne fais pas,
c'est autant
de temps passer à oublier
un peu plus
comment être avec les autres."

Roman L'année solitaire, Alice Osema.

"Dès que je me demanderais
si telle ou telle chose ne s'était pas produite?
La réponse serait toujours: mais c'est le cas.
Je me rends compte
que rester immobile
ne permet pas de mettre le temps sur pause;
il défile toujours,
la vie aussi.
Il faut continuer.

Roman Le(s) Vrai(es) Amour(s), Taylor Jenkins Reid.

quand je dessine
tout s'aligne
vivre dans mon monde imaginaire
mais je ne peux pas
c'est pourquoi
j'amène à la vie mes dessins
qui me font du bien
ils sortent du papier
pour s'installer
dans ma maison
pour toujours
débordant de passion

on aurait dû se permettre
tout ce qui nous manque maintenant
ces ami.e.s qu'on devait voir depuis un an
ces idées restées sur les pages de nos pensées
ces mots bloqués entre nos dents
ces listes de rêves programmés
pour ne renaître qu'au dernier instant
ces "je t'aime" à nos parents
ça arrive tellement vite
Pourquoi personne n'y pense ?

ne sois pas désolé
de ne pas pouvoir attendre
c'est maintenant que tu dois apprendre
prends les choses dont tu as besoin
pour te faire des câlins
jusqu'à la fin

j'ai saigné aux étoiles

il se passe plus de choses
dans mon cerveau
que dans ma vie.

extrait de mon journal intime
1er novembre 2024

Elle est coincée,
Elle a peur de la lumière,
Alors elle sort lorsque tout est éteint,
Lorsque personne ne peut la voir,
Ne peut la toucher,
Lui parler,
La juger,
La rencontrer.

Le silence

pense que les étoiles

Me surveillent

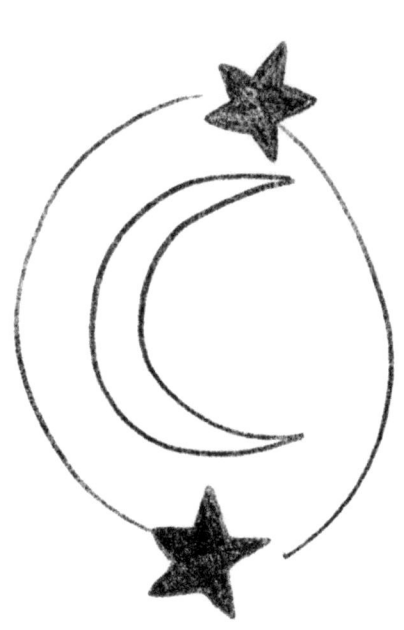

L'imagination
S'ancre en moi
Je ne peux plus vivre
sans imaginer
Le pire
Pourquoi le pire tout le temps ?
Je reste dans mon coin
Je le sens que
De plus en plus
L'Imagination
prend de la place
J'ai peur que les autres me regardent
Qu'ils me voient.

L'imagination
Finira par m'effacer
Et je n'aurai plus qu'elle
pour me sauver
de ce qu'elle m'a fait.

j'ai saigné aux étoiles

> Ça veut dire quoi faire le caca mental ?
>
> Le bon truc avant de dodo ?

Lu à 22:26

Ça veut dire tout les jours tu dois évacuer les déchets toxique de ton esprit, comme quand tu fais caca tu rejette les déchets de ton corps

Là c'est le caca mais mental

extrait de mon téléphone
23 janvier 2024

Merci Maë

enfant j'avais peur du noir
adolescente je n'avais plus peur
adulte j'ai eu de nouveau peur

je ferme les yeux
le soir pour dormir
sous mes paupières c'est noir mais
mon imagination aide
puis je les réouvre
et là
si c'est noir
si il n'y a aucune source de lumière,
immobile
je me sens morte

j'ai la certitude d'être dans un cercueil
je tends mes bras
pour être sûre
d'être dans mon lit
je dis un mot
pour me prouver
que j'existe

alors maintenant
je garde les volets ouverts
et laisse briller la lune jusqu'à moi

j'ai saigné aux étoiles

quand le monde dort
tombe les efforts
et je me retrouve,

ces heures où
je me réfugie sur une île
que personne ne peut atteindre

seules mes pensées peuvent nager jusqu'à moi
et briller sous les yeux des étoiles,
je ressens leurs regards à chacune
guidées par la lune

j'ai saigné aux étoiles

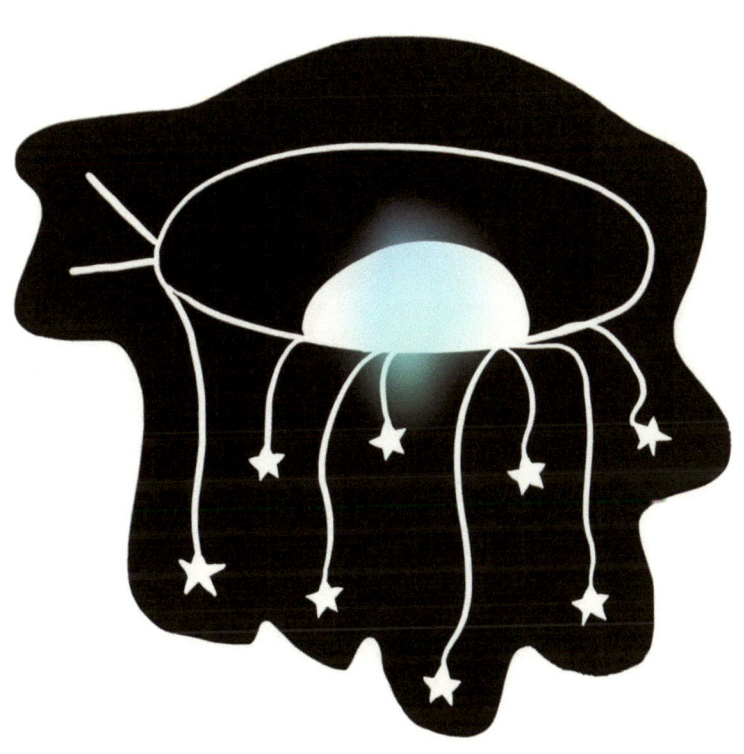

Penser
Chaque soir,
Le soulagement de ne pas
être morte aujourd'hui,

Penser
Chaque matin,
Le soulagement de ne pas
être morte cette nuit.

La tentation
De rêver,
Dormir éternellement,
Être la personne que je n'arrive pas à être
dans la lumière

L'Imagination
Dans mes paupières lorsque tout s'éteint
M'offre ce que je n'arrive pas à m'offrir
dans la réalité

À mon réveil
Je sens les fleurs,
Puis, se faner.
Sous mes paupières
Ma liberté

je crois que
je suis amoureuse des étoiles

je me sens comme elles
le soir quand tout autour s'éteint
elles se dévoilent
elles brillent

dans ma chambre il y a comme un voile
qui m'entoure
qui m'éloigne de tout,
sauf d'elles

je laisse toujours les volets ouverts
mêmes les nuits d'hiver

je ne crois pas en Dieu
mais j'aime penser
que je les rejoindrais
dans le noir là-haut

et j'espère que tu trouveras ça beau
le jour qui s'endort
pour me regarder encore et encore
pour que je n'arrête jamais d'exister

mais si tu préfères me regarder
quand tout autour s'allume
ne t'inquiète pas
je serai un peu partout

tu me retrouveras
quand l'hiver sera fini
en danseuse rose

pour te montrer que je suis ici
la journée
tu pourras regarder en bas
je serai là
à tes pieds
attendant tes baisers

et quand ces rêves reviennent
je me réveille avec peine
de savoir qu'aujourd'hui
tu n'es plus là

que le seul lieu
où nous pouvons nous regarder
se trouve dans l'obscurité
de mes pensées

j'ai saigné aux étoiles

je me demande
comment nous nous serions aimées,
comment nous nous serions protégées
sous mes paupières
tu continues d'exister
au milieu d'une après-midi au mois de mai
nous marchons dans la forêt
main dans la main
je pense au lendemain
où tu seras partie
mais cette nuit, tu es avec moi
et je te vois,
je te sens
sous nos pas des traces fleuries
on dirait le paradis

ces souvenirs n'ont pas pu fleurir
mais j'arrive à les vivre,
tu ne viens rien que pour moi
ou pour qu'à mon réveil
je lui parle de toi

je ne suis pas
celle que l'on veut aimer
je ne suis pas
à l'aise à parler quand les paupières sont ouvertes
même si parfois j'aime me donner une voix
je ne suis pas
sereine dans ce monde sans reine
je ne suis pas
d'accord avec les plus forts
je pense qu'ils ont tort

je suis
fatiguée de toutes ces cruautés
je suis
amoureuse des mots
jusqu'au creux de ma peau
je suis
les couleurs
qui effacent les peurs
je suis
pratiquement sûre que
les fleurs grandissent ailleurs
autour des cœurs bien arrosés

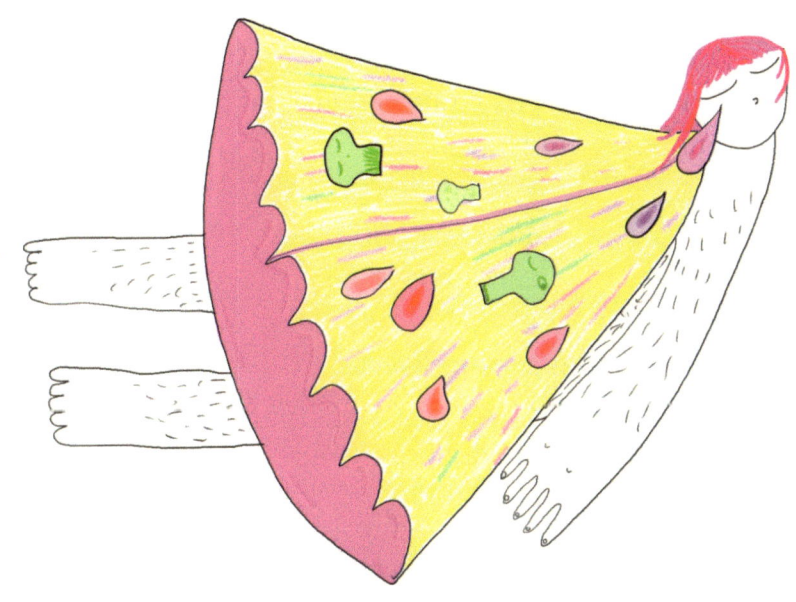

je suis Oriane

je vois flou
    je n'arrive pas à faire la mise au point
emmenez-moi loin,

        sans téléphone,
        sans personne,

coincée dans mes pensées
je suis bloquée
jusqu'au mois de mai.

j'ai saigné aux étoiles

A Qui Sen pla

Lorsque je me sens trop fanée
j'ai besoin d'aller là-bas
retrouver les framboises du jardin
près des sapins

et leurs regards
colorent mon esprit,
et je repars fleuri pour la saison.

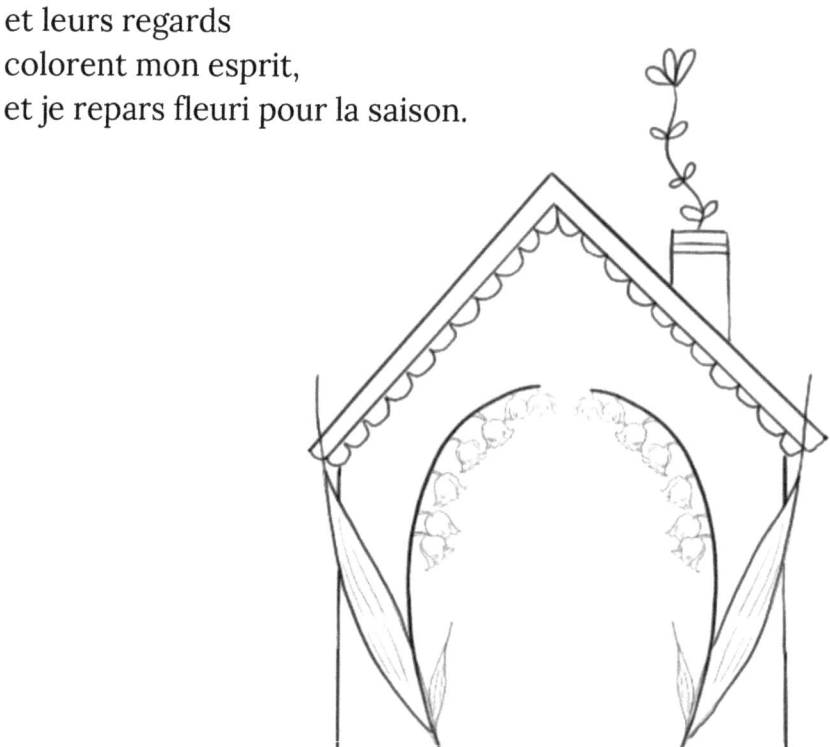

"A qui sen pla."= on est bien (en occitan) papi kinou.

au creux de ton cou
je chercherais toujours
les fuchsias qui dansent,

au coin du feu
s'évaporent mes peines
au goût de verveine

et j'enregistre souvent ta voix
sans que tu ne le saches,

au cas où,

pour être certaine
de pouvoir garder ta voix
même quand tu ne seras plus là.

Oriane Colombier

quand elle se sent mal
sa voix rugit dans sa tête
aucun mot ne peut la faire dégager
excepté les mots de mamie fleur
tout est moins grave dans ses yeux,
elle semblait fleurir par cette tendresse

j'ai saigné aux étoiles

j'ai longtemps cru
que je n'étais rien
si personne ne me regardait
puis
j'ai compris
que je n'étais rien
si moi je ne me regardais pas.

j'ai saigné aux étoiles

le dos tourné
je ne peux pas construire
ce que nous allons oublier
je n'entends que ma respiration
en regardant le plafond
       et toi
      est-ce que tu entends
     comme je te pense ?

je rêve à ce que j'aurais à te raconter
avant que tout ne parte en fumée
dans le ciel
des petits éclats immatériels

peut-être que tu parles à la lune
les mêmes soirs où elle me berce

et je sais
que je serai engloutie
dès que tu glisseras tes yeux au creux de mes plis

je marche
au-dessus des toits
sous un ciel bleu d'hiver
en rêvant à toi

Montpellier, Hiver 2025. Après-midi.
Oriane à une personne qu'elle ne connaît pas encore.

j'ai saigné aux étoiles

Je supprime constamment
TOUT.

Des photos
aux applications même pas finies jusqu'au bout

Par désir de nouveauté
Par angoisse de stockage

Par désir de m'effacer de cette société
Pour ne plus que vivre dans ma réalité

j'ai saigné aux étoiles

Je ne veux ressentir aucun rayon de soleil,
Être dans le noir,
Je veux des cheveux tout propres,
Rien autour de moi,
Du silence,
Je veux dormir

        quelques secondes après

Je veux ressentir des coups de soleil,
Être éblouie,
Je veux des reflets dans mes cheveux,
Des ombres autour de moi,
Du bruit,
Je veux fleurir.

        quelques minutes après

Je ne veux ressentir aucun rayon de soleil,
Être dans le noir,
Je veux des cheveux tout propres,
Rien autour de moi,
Du silence,
Je veux dormir

        quelques heures après

Je veux ressentir des coups de soleil,
Être éblouie,
Je veux des reflets dans mes cheveux,
Des ombres autour de moi,
Du bruit,
Je veux fleurir.

                        quelques jours après

Je ne veux ressentir aucun rayon de soleil,
Être dans le noir,
Je veux des cheveux tout propres,
Rien autour de moi,
Du silence,
Je veux dormir

                        quelques semaines après

Je veux ressentir des coups de soleil,
Être éblouie,
Je veux des reflets dans mes cheveux,
Des ombres autour de moi,
Du bruit,
Je veux fleurir.

                        quelques mois après

ça a toujours été flou pour moi
la raison de mon impatience
l'autre jour, en parlant avec ma sœur j'ai trouvé,
c'est parce-que j'ai peur de ne pas tout finir,
pas finir mes dessins,
pas finir mes écrits,
pas finir mes livres à lire,
pas finir mes films à voir,
pas finir mes musiques à écouter,
pas finir mes conversations avec les gens que j'aime,
pas finir de poser des questions,
pas fini de vivre.

cette impatience grandit de plus en plus
les jours passent
et je pense que je me rapproche de la fin de ma vie
et j'ai peur parce que je n'ai pas tout fini
et je sais que je n'aurais jamais tout fini

j'ai saigné aux étoiles

Oriane Colombier

> J'ai saigné aux étoiles ...

On dirait un poème

extrait de mon téléphone
22 novembre 2023

j'ai saigné aux étoiles

les épines

ont construit

des lignes bien comprises

que je n'ose
pas
approcher

oserais-je les DÉRANGER ?

Entre les épines
il y a la danse
la musique
et la création

ce soir

je me déteste

de ne pas réussir à parler

quand il y a du monde,

de trembler

quand on joue à des jeux de société,

juste observer,

les gens parlent

et moi je sers à rien,

inutile,

je suis tellement pas intéressante.

observer

comme si j'étais une

caméra,

j'oublie d'exister.

extrait de mon journal intime
13 août 2024

j'ai saigné aux étoiles

j'ai du mal à parler
parce que je suis observatrice,

j'ai du mal à aller à la rencontre
parce que je me trouve inintéressante,

j'ai du mal à être créative
parce que j'ai l'impression de faire un projet noté

extrait de mon journal intime
31 août 2024

ce n'est pas en restant chez moi
que je vais m'ennuyer
Mais
c'est en restant enfermée
toute la journée
sans fenêtre,
sans couleur,
sans musique,
sans fraîcheur,
ce n'est pas pour moi ça
sachant qu'un jour,
demain
ou dans 20 ans
tout s'arrêtera
je ne le saurai même pas
si je ne suis pas éternelle
autant vivre avec mes ailes
plutôt que de les briser
tu penses que j'en fais trop
oui, je te vois venir
est-ce que c'est normal d'avoir 21 ans
et de penser qu'on n'a pas assez accompli?
que déjà tout est fini?

ne venez pas me chercher
laissez-moi dans mon studio
créer pour pouvoir crier plus haut

ton regard d'incompréhension
quand je dis que je prends du temps pour moi
j'évite de dire
que je n'ai plus aucune confiance en moi,
que j'ai peur rien qu'en sortant les poubelles,
que je tremble si je dois parler
avec plus de 2 personnes,
que je suis effrayée de travailler
avec des hommes adultes

Comment veux-tu que je me présente?
en me flattant
alors que je n'ai plus aucune idée
de ce que j'aimais tant

c'est ce que ça fait
de ne pas être récompensée de ses efforts
et de me faire partir sans accord

tu n'es pas là
et c'est bien pour ça que je me sens si bien
je respire enfin
je m'investis dans les bonnes couleurs
et j'essaie d'avoir moins peur
je la veux vraiment cette vie
sinon elle ne sert à rien
si mon quotidien n'est pas entre mes mains

"j'ai jamais autant parlé à un chat."

Mots de papy Japy en discutant à la fin du repas à Mouriès le 5 avril 2024.

"en étant avec tout le monde
ils ne peuvent être que beaux les rêves."

Mots de papy Japy quand je lui dit fais de beaux rêves à Montfort le 26 octobre 2024.

"Et si on arrêtait de se parler
on pourrait s'aimer toujours
comme les fleurs et leurs petites joues
qui ne se touchent qu'en pensées."

BD Minuscule folle sauvage, Pauline de Tarragon.

ce n'est pas
avec tes mots

mais

avec tes yeux
que je te pardonne
et qu'on se donne
des sourires,

juste ça.

et je pense que ça me suffit

pour

ne pas tomber dans

l'oubli.

Tout
doit aller
vite
Vite   Mais moi
VITE tout ce que je ressens
Vite   C'est
Vite   Doucement
vite   Doucement

j'ai perdu mon élan,

laissez-moi

m'enrouler de pansements

et j'irais de l'avant.

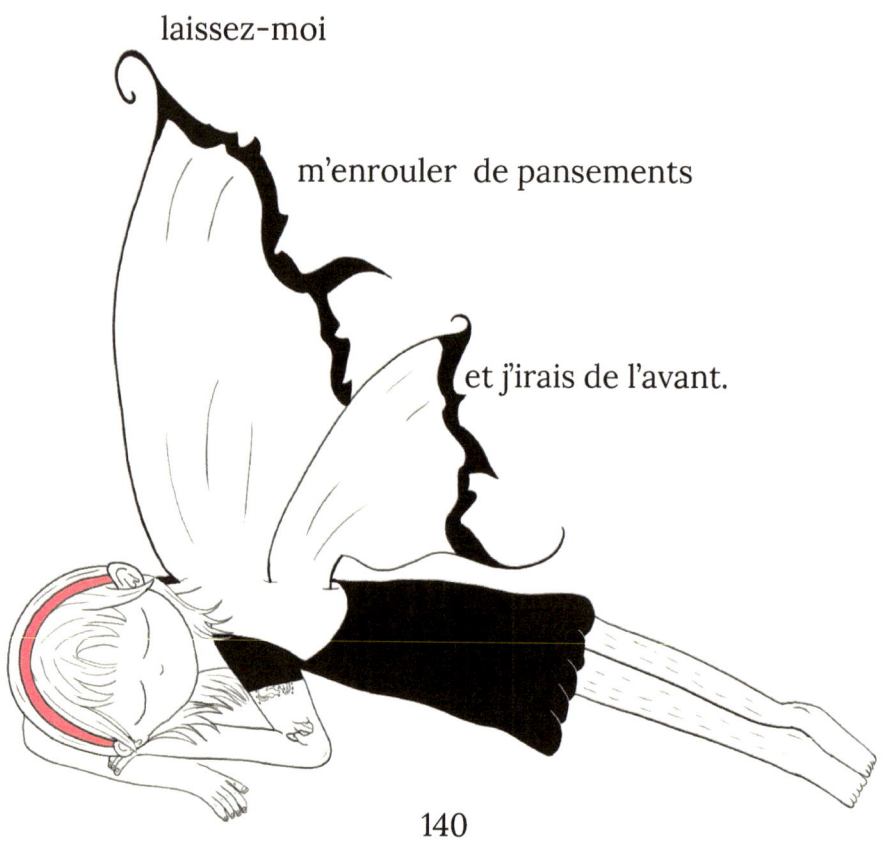

j'ai saigné aux étoiles

A   u

r   a   l
e
         n   ti

P   o   u
    r   éte   r
       ni   ser
m   o   n   te
mps

P   o   ur   a

nt   ici   per   mes

m   ou
ve   ments

E   t   v   iv   re   p
lus   l
on   g   te   m   ps

MA ROUTINE DU BONHEUR : (ÉDITION SOLO)

découvrir des nouveaux artistes

nager (sous l'eau spécialement)

chanter avec les paroles sur spotify

lire un livre dès mon réveil

voir les rayons de soleil dans mon appart le matin

me filmer pendant que je me prépare et me prendre pour une star

mettre mon drap assorti à mon mur rose et mes rideaux

faire du vélo

faire des sudokus

aller à un concert

allumer ma lampe à lave + des bougies

voir les feuilles colorées à l'automne

faire du coloriage

marcher

écrire dans mon journal intime

aller au cinéma

regarder mon meuble avec les livres que j'ai lus

faire des photos

j'ai saigné aux étoiles

voir les fleurs au printemps

écouter un vinyle

danser

m'habiller comme j'aime

lire avant de dormir

changer de disposition les meubles chez moi

imprimer des photos et les mettre dans un album

regarder des séries

écrire des poèmes

écouter un podcast

me faire tatouer

contempler la mer

dessiner

faire un puzzle

arroser mes plantes

écouter de la musique, me faire un concert devant le miroir

regarder des vidéos youtube

me cuisiner un bon plat

regarder des films

faire un défilé dans mon appart devant mon miroir

Ma meilleure amie m'a demandé quels sont
mes métiers de rêves, ce qui me fait "vibrer"
(sans compter les peurs, les contraintes ...)
 et j'ai écrit :

 -DANSEUSE
-CHANTEUSE
 -BATTEUSE
-ACTRICE
-POÈTE
-PHOTOGRAPHE
-TATOUEUSE
-ILLUSTRATRICE

 j'y ai vraiment cru ce soir-là,
que j'allais enfin vivre ma vie rêvée
puis les jours passent
 et en relisant ces mots je me dis "mais tu croyais quoi?"
 tout en rigolant de pitié

pourquoi j'arrive pas à y croire ?

j'ai saigné aux étoiles

"Tu comprends ?
Ça vaut le coup de le TENTER
Moi, je crois que tu en es capable."

*Mots de mamie au téléphone
à Montpellier le 10 octobre 2024.*

j'ai saigné aux étoiles

écrire
pour cueillir
mes pensées

semer des souvenirs
pour l'avenir

il m'arrive d'ouvrir ce tiroir
pour visiter ma mémoire

relire ces pages
et plisser mon visage

comme une découverte
j'avais alors oublié mes mots
si longtemps portés sur mon dos

dans mon corps se déverse du miel
d'avoir réussi à ne plus être comme elle

j'ai saigné aux étoiles

les larmes aux yeux
quand
je suis dans un lieu
et que
d'un coup
des gens de mon âge arrivent
que je trouve attirant

l'envie de disparaître
rendez-moi invisible
ces personnes ne doivent pas me voir
ou me parler

elles vont me trouver moche
et pas intéressante

Ne te regarde pas
Ne te regarde pas, lâche-toi
Ne te regarde pas
Ne te regarde pas, lâche-toi

J'ai peur de pas savoir quoi faire
De dire des mots de travers
Mais de quoi je vais avoir l'air?
J'ai peur de dire n'importe quoi
De passer pour je ne sais quoi

Qu'allez vous retenir de moi?
Qu'allez vous retenir de moi?
Qu'allez vous retenir de moi?
Qu'allez vous retenir de moi?
Qu'allez vous retenir de moi?

Chanson Ne te regarde pas, Zaho de Sagazan.

on me dit
c'est beaucoup tes tatouages, ralentis
sinon à 30 ans tout sera rempli
comment faire pour m'imaginer avoir 30 ans ?
quand je n'imagine même pas le jour d'après

j'aimerais t'aimer
ce n'est pas que je veux mourir
c'est que je suis effrayée de vieillir
je suis même inquiète parfois de me coucher le soir
déjà une journée qui me rapproche de toi
tous les jours, je sais que je peux mourir
tous les jours j'ai des projets,
et j'espère avoir le temps de les concrétiser

à chaque moment, avec un.e être cher.e
je pense que c'est peut-être la dernière fois que l'on se voit
alors souvent
je retiens leurs mains
et je les regarde,
dans les yeux
quelques secondes
au cas où

j'ai peur que les obligations m'écrasent
je crois oui que c'est ça qui m'effraie

je veux être de celle
qui vit de ses passions
et non de ses obligations
j'espère vraiment que je vais réussir à vieillir

comment savoir
quand la lumière s'éteindra?

une fois dans l'année
se retrouver
tous les trois
et je sais déjà pourquoi
c'est mon souvenir préféré de l'année
j'enlève mon casque
et je peux entendre ces mélodies
toute la nuit
un peu comme un téléphone
mais dans la réalité
où tu te promènes
tu peux écouter différents artistes

avoir l'espace
de prendre enfin une place
et je ne me regarde plus
j'arrive sans hésiter
à exister

j'ai saigné aux étoiles

la nuit tout est calme
la vie est au ralenti
elle est comme sur pause,

on dirait que les humains se mettent en pause
la plupart partent dans le monde imaginaire,

d'autres,
la contemple,
avec sa noirceur
on ne la voit pas filer
pas comme le jour
qui varie
selon son ciel
avec le temps

on reconnaît 8h de 14 heures
on ne reconnaît pas minuit de 3 heures
la nuit noire ne bouge pas
pendant des heures
c'est apaisant

j'ai saigné aux étoiles

moins lourd
que la journée
où tu dois faire ceci cela,

dans la nuit
tout ce qu'on nous demande c'est dormir
pourtant
on est tellement libre la nuit,
les seuls moments
de liberté totale
qu'on nous accorde
sont les nuits :
on est censée dormir

notre seule liberté,
c'est d'aller
dans un monde imaginaire
et
surtout
se taire.

extrait de mon journal intime
11 mars 2023

si vous me croisez en ville
ce sera sûrement
avec mon casque sur les oreilles
pour me croire dans un film
en écoutant « So long london « de Taylor Swift
pour me donner confiance
en écoutant « She's on my mind » de Romy

mais
    surtout
pour me sentir en sécurité,
plus rien n'est pareil
je peux les ignorer
ils peuvent m'appeler
et je peux ne pas les regarder
sans avoir trop peur qu'ils m'attaquent

parce que j'ai un casque
c'est plus facile
que de vouloir faire croire
que je suis sourde
que je ne comprends pas le français
que je suis pressée

tout ça est insensé
je devrais pouvoir les ignorer
sans avoir à me justifier

j'ai saigné aux étoiles

Oriane Colombier

quelque chose
que l'on fait presque toutes et tous
généralement
quand on ne se sent pas bien
enfin moi,
je me met en boule
et je me fais un câlin à moi-même
on a cette envie de serrer quelqu'un,
un être
et parfois
ça peut être nous.

extrait de mon journal intime
7 juin 2022

j'ai saigné aux étoiles

comment tu fais pour parler ?
certains mots restent allongés dans mes carnets
comme s'ils étaient morts une fois couchés sur le papier

je les fais danser quelquefois
quand je tourne les pages
et que je pose mon regard sur leurs corps abandonnés

ça m'arrivera un jour
de les prendre par la main
et de les faire marcher jusqu'à tes oreilles?
trop peur que tout ne soit plus pareil

aucune attention
pour oublier la chanson
j'ai appris les paroles pour te les chanter
et rien n'a été gâché
j'aurais pu parler dès que c'est entré

j'ai saigné aux étoiles

je me sens alignée avec tout
je ne voulais plus entendre parler
de créativité
je ne voulais plus voir
mes dessins
hop cachés sous le lit
hop archivés sous mes doigts
je pleurais
au fond
de ne plus réussir à être
inspirée par la vie
je criais
inconsciemment
anéantie d'avoir perdu mon élan

presque 1 an sans dessiner
tout était fermé
j'avais jeté la clé
et aujourd'hui
je pleure de joie
de retrouver la vraie moi
et je pleure de tristesse
d'avoir voulu ne plus jamais dessiner

ce soir
je ressens cette sensation magique
qu'est l'inspiration et la création

"Vivre peut parfois sembler compliqué,
mais en réalité
c'est aussi simple que de respirer.
Ouvre grand les cœurs
avec ta furieuse énergie
et détruis les ego avec ta modestie.
Sois la personne que tu voudrais être
et non celle que tu te crois condamnée à être.

Roman Tout ce que je sais sur l'amour, Dolly Darton.

merci
pour toutes ces graines
que tu as déposé
autour de mes peines

merci
pour ta patience
de mon absence

merci
pour ton sourire
dès ma première fleur

à présent je n'ai plus peur

Mouriès. Hiver 2025. Après-midi.
Une meilleure amie à sa meilleure amie.

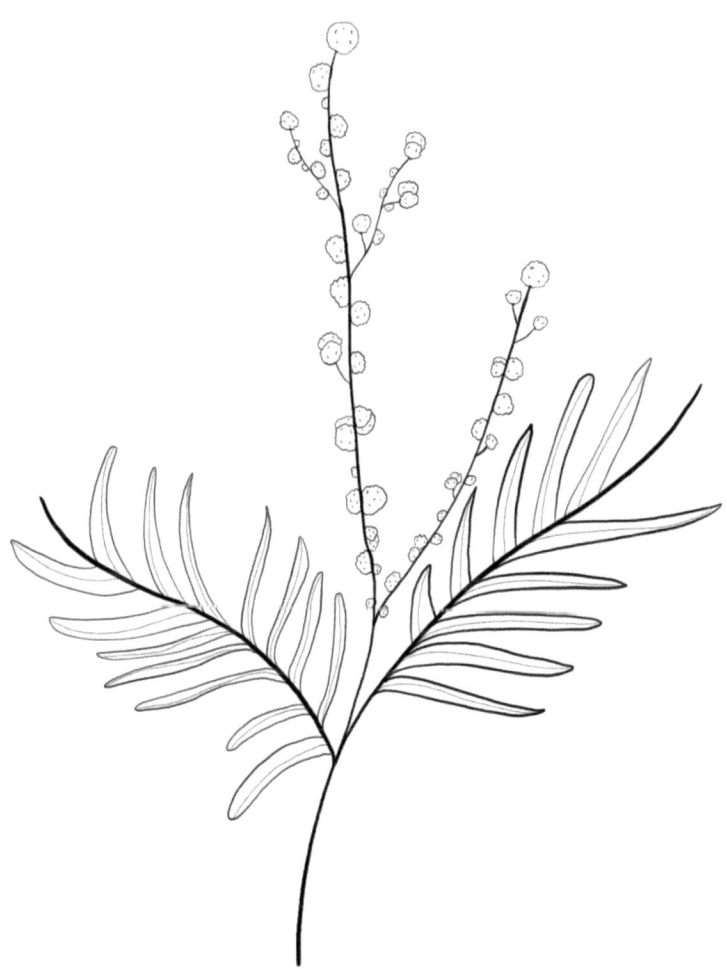

mimosa: toujours là pour toi (moi)

Oriane Colombier

en ce moment
je me sens capable
de me montrer aux autres
ils se sont envolés
les tremblements non contrôlés
je pensais être bloquée
comme condamnée
à écouter mes idées
du moins j'essaie
je n'évite plus
je me sens moins perdue

j'ai saigné aux étoiles

or
et
cris
les éclats de la vie.

le brillant
comme arrière-plan,
les fissures
comme peinture

puis
le souffle,
l'urgence

de ne pas rester bloquée
par toute cette animosité

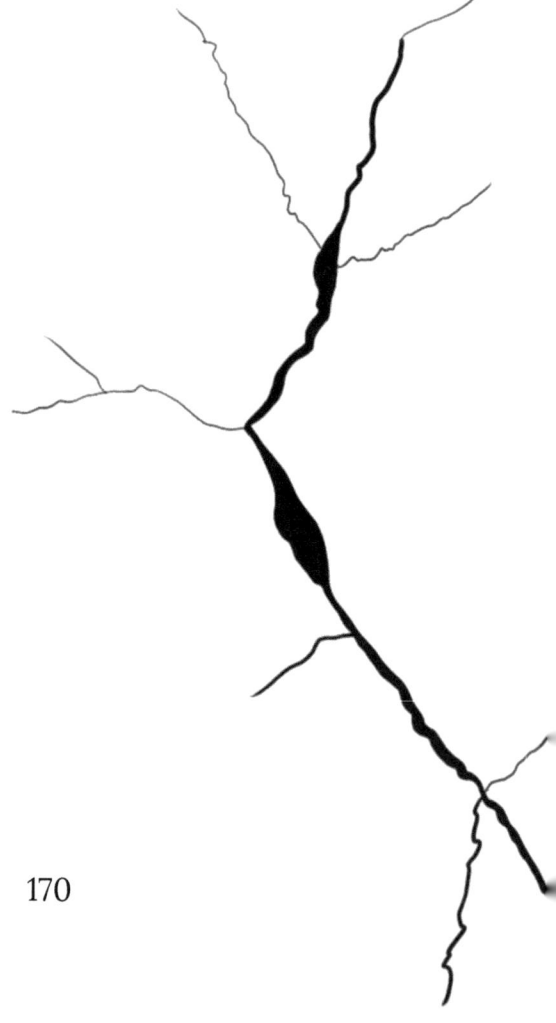

j'ai saigné aux étoiles

les étoiles collées à ma fenêtre,
c'est toujours au cœur de ma tête
que je me bloque à être

comment veux-tu que je sorte
quand les pansements tapissent mes portes
les verrous sont remplis de mes cris
je sais que tu penses qu'il suffit de prendre la clé
et d'essayer
mais j'ai essayé
peut-être pas comme tu l'aurais fait
j'essaie tous les jours de les vider
mais je vois trop flou
mes pensées vont me protéger
mes pensées vont me sauver
mes pensées vont me tuer
mes pensées vont m'écarter
mes pensées vont m'aider
elles vont m'aimer

rendez-vous derrière les verrous
pour affronter les fous

j'ai saigné aux étoiles

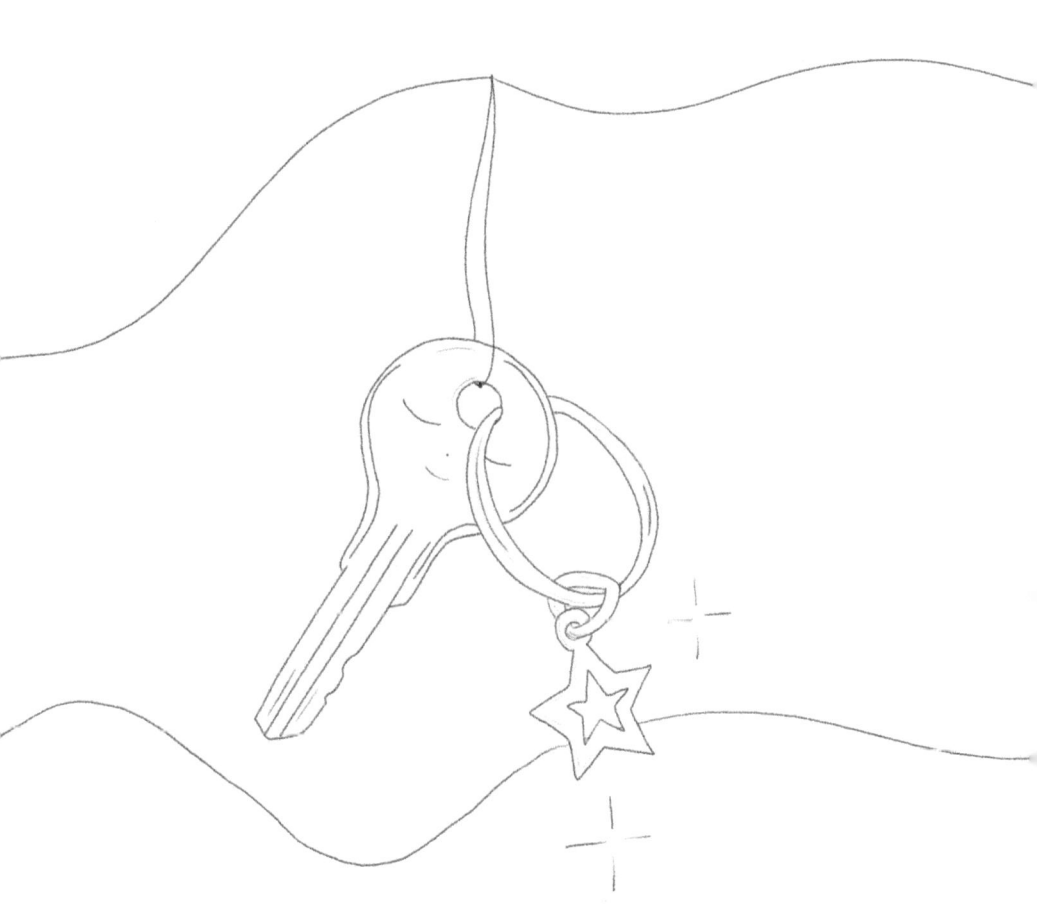

Oriane Colombier

"La littérature est une amitié en soi,
une compagne de route,
mais
qui nécessite de faire place à une certaine solitude."

Roman Les femmes aussi sont du voyage, Lucie Azema.

j'ai saigné aux étoiles

Could've followed my fears all the way down
J'aurais pu suivre mes peurs le long du chemin
And maybe I don't quite know what to say
et peut-être que je ne sais pas vraiment quoi dire
But I'm here in your doorway
mais je suis là sur le seuil de ta porte
I just wanted you to know
je voudrais juste que tu saches
That
this is me trying
que je suis entrain d'essayer
I just wanted you to know
That this is me trying
At least I'm trying
au moins j'essaie

j'ai saigné aux étoiles

It's hard to be anywhere these days
when all I want is you
c'est dur d'être n'importe où ces derniers temps
quand tout ce que je veux c'est toi
You're a flashback in a film reel
on the one screen in my town
tu es un flashback sur une bobine d'un film diffusé
dans la seule salle de cinéma de ma ville
And I just wanted you to know
That
this is me trying
And maybe I don't quite know what to say
I just wanted you to know
That this is me trying
At least I'm trying

Chanson This is me trying, Taylor Swift.

Oriane Colombier

REMERCIEMENTS

Il y a quelques mois je n'aurais jamais cru en arriver là, ne serait-ce que de penser à dessiner me tétanisait et aujourd'hui j'ai osé, je suis allée au bout.

Je suis reconnaissante d'avoir pu prendre le temps pour savoir où est ma place, merci infiniment à mes parents. Merci à Laura, Maë, Mathilde, Loanna pour les éclats dans vos yeux et dans vos mots quand je vous envoyais mes dessins. Merci aux livres qui m'ont inspirée et fait prendre confiance en moi. Merci à Son pour tous les rires partagés et surtout sa bienveillance. Merci à mes cousines qui grandissent avec moi de près ou de loin , nous devenons chacune de belles artistes. Je pense aux personnes qui me soutiennent derrière leur écran.

Merci aux étoiles d'éclairer nos nuits.

à toi qui me fait une place dans ta bibliothèque, j'espère que tu as profité de ce voyage et on se dit à très vite ♡

☆ Oriane

j'ai saigné aux étoiles

Tout ce que j'ai pu garder en moi
je l'offre aux étoiles.

Oriane Colombier

j'ai saigné aux étoiles

Rejoins-moi sur :

Instagram/Tiktok: @orillustre

orillustre@gmail.com